Las ESTACIONES

texto de
DELPHINE HUGUET

ilustraciones de
KATIA DE CONTI
CHRISTIAN GUIBBAUD
YATING HUNG
PATRICK MORIZE

ideaka
EDELVIVES

ÍNDICE

escribir Todos los nombres de este libro de imágenes van acompañados de su correspondiente artículo determinado. Los verbos y las acciones se destacan con un recuadro para que el niño mejore la comprensión de los diferentes tipos de palabras.

? Al final de cada apartado general se incluye una doble página titulada «¡Ponte a prueba!», donde se plantean actividades destinadas a comprobar cuánto se ha aprendido.

A-Z En el índice alfabético que hay al final del libro encontrarás enseguida la palabra que buscas.

En la parte inferior de cada doble página se remite a otras páginas que tratan un tema complementario. De este modo, se puede cambiar el orden de lectura y relacionar mejor los conocimientos.

¿QUÉ ES UNA ESTACIÓN?

LAS CUATRO ESTACIONES

En algunos países hay cuatro estaciones consecutivas:
primavera, verano, otoño e invierno.

la primavera	**el verano**	**el otoño**	**el invierno**

la torre Eiffel

Francia

la estatua
de la
Libertad

los Estados Unidos

el monte Fuji

Japón

la llama

Argentina

LAS DOS ESTACIONES

En otros países, solo hay una estación seca
y una estación húmeda.

¿POR QUÉ EL PAISAJE CAMBIA CON LAS ESTACIONES?

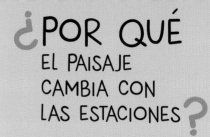

la estación seca	la estación húmeda

el baobab

Senegal

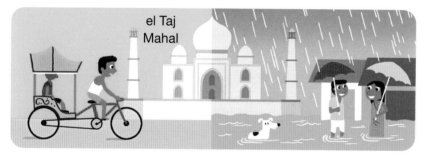

el Taj Mahal

la India

En invierno el jardín parece vacío,
pero en primavera se ve cómo salen
de la tierra tallos de tulipán y cómo
florecen.

el guacamayo

Brasil

En invierno hace demasiado frío
para los tulipanes. Viven a un ritmo
muy lento, bajo tierra, en forma
de bulbo.

el arrozal

Indonesia

En primavera la tierra se calienta,
y el bulbo se despierta: echa raíces,
le salen hojas y florece.

ARRIBA EN EL COSMOS

Para entender las estaciones, hay que observar cómo gira la Tierra alrededor del Sol.

la primavera

España

la Tierra inclinada

el verano

el hemisferio norte

el Sol

el ecuador

el otoño

el hemisferio sur

España

el invierno

¿ES EL SOL EL QUE HACE QUE HAYA ESTACIONES?

Las estaciones existen gracias al Sol, pero, sobre todo, gracias a que la Tierra está inclinada y gira alrededor del Sol.

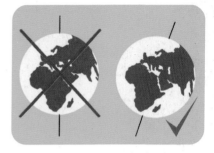

En verano el hemisferio norte recibe más energía solar: como está inclinado hacia el Sol, allí hace más calor.

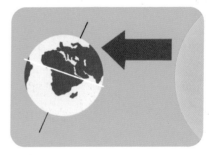

En invierno el hemisferio norte recibe menos energía: el Sol sube menos en el cielo y no calienta tanto. Por esa razón hace más frío.

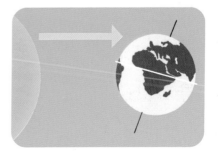

EL CICLO DE LAS ESTACIONES

Las cuatro estaciones transcurren
una después de otra.

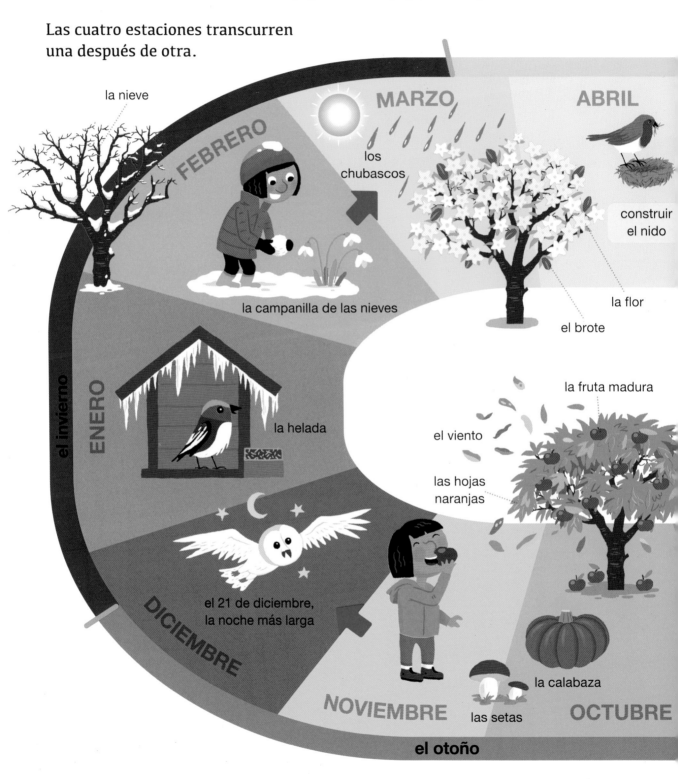

la nieve

MARZO

ABRIL

FEBRERO

los
chubascos

construir
el nido

la campanilla de las nieves

la flor

el brote

el invierno

ENERO

la helada

la fruta madura

el viento

las hojas
naranjas

el 21 de diciembre,
la noche más larga

DICIEMBRE

la calabaza

NOVIEMBRE

las setas

OCTUBRE

el otoño

12

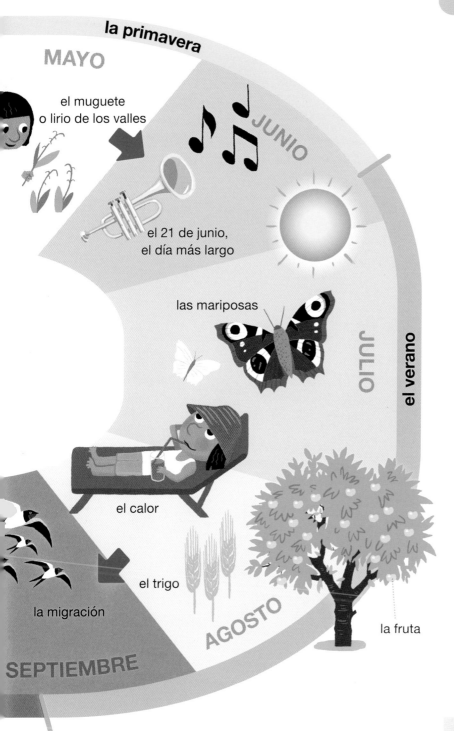

la primavera

MAYO

el muguete
o lirio de los valles

JUNIO

el 21 de junio,
el día más largo

las mariposas

JULIO

el verano

el calor

el trigo

AGOSTO

la migración

la fruta

SEPTIEMBRE

¿Te gustaría que el verano fuera más largo? En realidad, dura lo mismo que las otras tres estaciones.

El recorrido de la Tierra alrededor del Sol se divide en cuatro partes iguales; cada una de ellas es una estación.

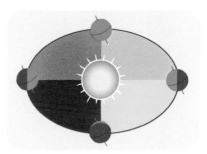

Cada estación dura tres meses. En doce meses, la Tierra da una vuelta completa alrededor del Sol.

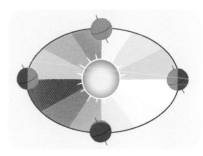

EL CUERPO EN CADA ESTACIÓN

Al igual que las plantas o los animales,
tu cuerpo responde a las distintas estaciones.

la primavera

la fiebre
del heno

estornudar

ser alérgico
al polen

el verano

protegerse

el sol

sudar

la crema
solar

broncearse

el otoño

la lluvia

moquear

sonarse
la nariz

el invierno

tiritar

la gripe
ponerse
enfermo

el termómetro

tener fiebre

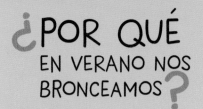

En verano, incluso con crema de protección, tu piel se broncea. Se te queda la marca de la camiseta y el pantalón: te has puesto moreno.

Los rayos de sol pueden ser peligrosos para el cuerpo. Por eso tu piel se defiende fabricando manchas de color.

Cuanto más se oscurezca la piel, más protegida estará. Pero, si no te pones protección solar, podrías sufrir quemaduras solares.

Soportar el invierno **76**
Proteger las plantas **80**

15

QUÉ ROPA PONERSE EN CADA ESTACIÓN

En cada estación te vistes con ropa diferente
para adaptarte al clima y a la temperatura.

el invierno

el gorro

el abrigo

los guantes

la bufanda

los leotardos

las manoplas

las botas
de nieve

las gafas
de sol

el casco

la ropa
de
esquí

el traje de
esquí

el verano

las gafas
de sol

la gorra

la camiseta
sin mangas

el pantalón
corto

el vestido

el flotador

el bañador

las
sandalias

las chanclas

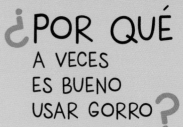
la primavera

la cazadora

la camiseta

el jersey

las bermudas

las zapatillas de deporte

el chándal

Cuando tu gorro sale volando por culpa del viento, notas que, de repente, se te enfría la cabeza.

Para encontrarte bien, tu cuerpo debe estar a unos 37 °C. Si hace frío a tu alrededor, se va a enfriar poco a poco.

el otoño

el impermeable

el jersey

el paraguas

el pantalón

las botas de agua

Cuando te vistes con prendas abrigadas de la cabeza a los pies, incluido el gorro, ayudas al cuerpo a conservar el calor.

El ciclo de las estaciones **12**

17

¡PONTE A PRUEBA!

Relaciona cada imagen con el nombre de la estación que representa.

el otoño   la primavera   el invierno   el verano

Observa las diferencias entre estas dos imágenes.
¿Qué estación representa cada una?
Describe los cambios que experimenta la flor.

Une con el dedo cada palabra con
su prenda de ropa o su accesorio
del traje de esquí.

las gafas de sol   las botas de nieve
el traje   el casco
las manoplas   el calzado de esquí

Es verano y este niño juega en la playa.
Señala los seis errores que se han colado en la imagen de la derecha.

Señala con el dedo las imágenes
que corresponden a cada estación:
la primavera, el verano, el otoño
y, por último, el invierno.

¿Cuál es tu estación favorita?
¿Por qué te gusta esa en especial?

LA PRIMAVERA

PLATOS DE PRIMAVERA

En marzo, abril y mayo, la naturaleza
ofrece una gran variedad de frutas
y hortalizas para los amantes de la comida.

el kiwi

las frutas

la fragaria o fresa

la fresa

la tarta
de fresas

la carlota
de fresas

la cereza

la tarta
de cerezas

las flores

el buñuelo
de flores de acacia

la flor
de la falsa acacia

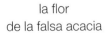

la mermelada de pétalos
de amapola

la amapola

las hortalizas

el espárrago

la espinaca

la coliflor

el ajo

el rábano

la lechuga

la alcachofa

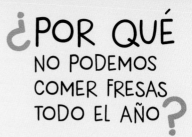

¡Mmm! Seguro que te encantan las fresas con nata. ¿Verdad que te gustaría poder comerlas todo el año?

Las fresas solo crecen en primavera y en verano. Durante el invierno, la planta de la fresa se mantiene en reposo.

Cuando acaba el invierno, la planta empieza a fabricar hojas, flores y frutos. Y en primavera... ¡a chuparse los dedos!

Platos de verano **42**
Comida para entrar en calor **74**

EL RENACER DE PRIMAVERA

La vegetación aprovecha el buen tiempo para crecer.

la pradera

el narciso

el albaricoquero

la hoja nueva

el brote

el diente de león

la flor

la mariposa limonera

el huerto de árboles frutales

la amapola

el almendro

el cerezo

la magnolia

el jardín

el tulipán

la lila

el jacinto

el muguete o lirio de los valles

🌱 LA GERMINACIÓN

La semilla se transforma y se convierte en una planta que crece.

el guisante

el calor

germinar

el agua

la semilla

la raíz

crecer

la hoja

el tallo

¿DE DÓNDE PROCEDEN LAS SEMILLAS?

¿Has comido alguna vez lentejas en el comedor del colegio? Pues la lenteja es una semilla. Para comerla hay que cocerla.

Si se siembra una semilla, de ella sale una planta que crece y florece. Y de la flor nace el fruto.

El fruto de la lenteja se llama vaina. Dentro de las vainas se encuentran las lentejas.

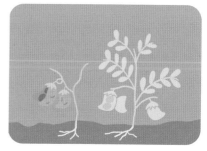

Crecer sin parar **44** ✏

Proteger las plantas **80** 🌱

25

▚ PREPARAR LA TIERRA

Es primavera. En el campo y en el huerto
¡es época de siembra!

el campo

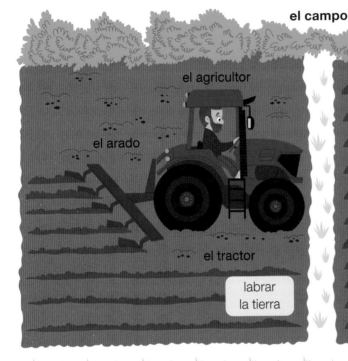

el agricultor

el arado

el tractor

labrar
la tierra

las patatas

la plantadora

plantar
las patatas

el montículo

la sembradora

sembrar
en hileras

los granos de maíz

el huerto

las malas hierbas

el motocultor

remover la tierra

la horca de doble mango

compostador

igualar el terreno

el rastrillo

el terrón

la carretilla

el compost

plantar los tomates

los tutores

regar

sembrar los rábanos

¿CUÁNTO TIEMPO TARDA EN CRECER UNA SEMILLA?

¡Ya está! Ahora que has sembrado los rábanos, puedes irte a casa: hasta dentro de un mes, más o menos, no podrás comértelos.

Las plantas, al igual que tú, necesitan tiempo, luz y alimento para crecer con buena salud.

Algunas hortalizas crecen rápido y mueren al cabo de un año. En cambio, los árboles crecen durante toda su larga vida.

La vendimia **68**

LA PRIMAVERA EN LA ORILLA

Los animales se apresuran a preparar los nidos para sus crías, ¡algunas ya han nacido!

el nido

construir
el nido

la lavandera amarilla

el río

el lucio pequeño

los huevos
de pez

la libélula

la nutria

el notonecta

excavar
una galería

los nenúfares

el pato

la rana

el estanque

los huevos
de la rana

los renacuajos

sufrir una metamorfosis

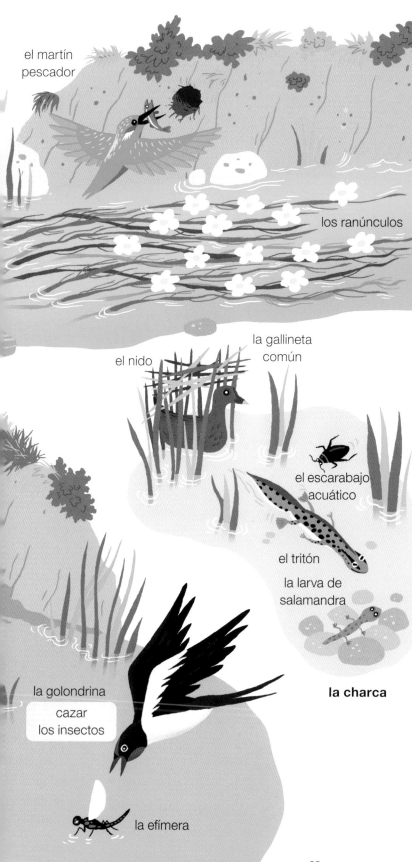

el martín pescador

los ranúnculos

el nido

la gallineta común

el escarabajo acuático

el tritón

la larva de salamandra

la charca

la golondrina

cazar los insectos

la efímera

Quizá te has encontrado alguna vez una piel de insecto vacía, enganchada en una planta acuática en la orilla de un río. Es una muda.

La libélula, por ejemplo, al principio es una larva que vive en el agua. Para crecer tiene que transformarse.

Al salir del agua, la piel vieja de la libélula se agrieta y se desprende poco a poco. Cuando despliega las alas, la libélula sale volando.

♥ LA ESTACIÓN DEL AMOR

En primavera, algunos animales
se preparan para tener crías.

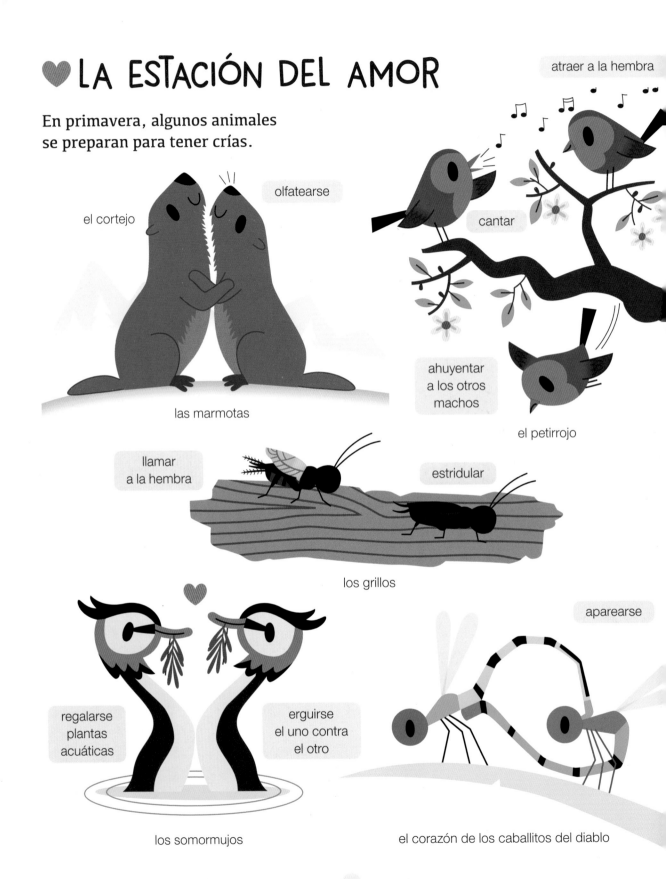

atraer a la hembra

olfatearse

el cortejo

cantar

ahuyentar
a los otros
machos

el petirrojo

las marmotas

llamar
a la hembra

estridular

los grillos

regalarse
plantas
acuáticas

erguirse
el uno contra
el otro

aparearse

los somormujos

el corazón de los caballitos del diablo

hacer
carantoñas

el lobo

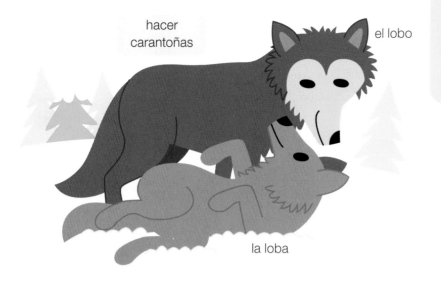

la loba

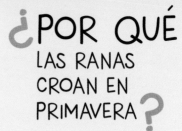

Si vives cerca de una charca o un estanque, oirás a las ranas croar con fuerza en primavera.

Los machos arman mucho jaleo para atraer a las hembras. Cada sapo quiere convencer a una hembra para que lo elija a él.

el macho

exhibir los colores

cambiar de color

la hembra

los tritones

La hembra elegirá al macho que tenga el saco vocal más colorido, porque es señal de buena salud.

el apareamiento

los galápagos europeos

31

La estación de las crías **32**

LA ESTACIÓN DE LAS CRÍAS

La temperatura es más suave,
y abunda la comida: es la época
de los nacimientos.

la cierva

ser
discreto

el cervatillo

la coneja   la madriguera

los gazapos

los cachorros
de zorro

la zorrera

jugar

la zorra

la oveja

mamar

el prado

el cordero

el carbonero común

pedir comida

los polluelos

el hueco del árbol

la puesta de huevos de la mariquita

transportar a las crías en la espalda

el escorpión

En primavera es frecuente ver potros en los prados. Muchos animales nacen en esta estación.

En primavera, cuando el día se hace más largo, el cuerpo de la yegua está listo para la reproducción.

Once meses después del apareamiento, nace el potro, cuando hace buen tiempo y la hierba es más abundante.

La estación del amor **30** 💜

33

EN EL COLEGIO

En clase, hay muchas fiestas
que celebrar en primavera.

el carnaval

el pirata

el vaquero

ponerse
el disfraz

el fantasma

la maestra

el hada

la clase de plástica

la máscara

el 28 de diciembre

el maestro

la inocentada

el Día de la Madre y el Día del Padre

el regalo

la pulsera

elegir los abalorios

pintar el cuadro

Semana Santa

buscar
los huevos
de Pascua

el patio de recreo

correr

la cesta

el conejito
de chocolate

la excursión

el autocar

la maleta

despedirse

el peluche

los acompañantes

El colegio no está mal, ¡pero las vacaciones son mucho mejor! Buenas noticias: en cada estación del año hay días libres.

Hay días festivos durante el otoño; en invierno, tenemos las vacaciones de Navidad; en primavera, la Semana Santa y, por último, las de verano.

Las vacaciones de verano son las más largas: duran más de dos meses. Las otras vacaciones tienen diferentes duraciones.

VERANO

JUNIO	JULIO	AGOSTO

¡PONTE A PRUEBA!

Utiliza el dedo para unir cada fruta, cada hortaliza
y cada flor con su plato de primavera.

la fresa

la flor
de la falsa acacia

la espinaca

los rábanos

la cereza

la lechuga

las espinacas

la ensalada

la tarta de fresas

los rábanos

el buñuelo de flores
de acacia

la tarta
de cerezas

Si plantas una semilla de guisante, germinará. Aparecerá un brote
con hojas, crecerá y le saldrán unas vainas llenas de nuevos guisantes.
Indica el orden correcto de las imágenes.

Es primavera, la estación de los nacimientos. Une cada cría con su madre.

Es carnaval y los niños
han ido al colegio disfrazados.
¿Reconoces a los diferentes personajes?
Describe sus disfraces.

¿Y a ti de qué te gustaría disfrazarte?

EL
VERANO

LAS VACACIONES DE VERANO

Al principio del verano acaba el colegio
y empiezan las vacaciones, que van a durar
más de dos meses.

la función
de fin de curso

los compañeros

la feria

despedirse
del maestro

el último día de colegio

los padres

la caza
del tesoro

hacer una
batalla
de agua

disfrazarse

el animador

el centro de ocio

el autocar

ir a la piscina

cerrar
la casa

el equipaje

dejar
el hámster

el vecino

el perro

la autocaravana

inicio de vacaciones

la despedida
de los
padres

los primos

la maleta

el abuelo

la abuela

el juego de mesa

las vacaciones con los abuelos

En verano, cuando te vas
a dormir, a veces todavía es de
día. En esta estación anochece
más tarde.

El 21 de junio es el día en el que
el Sol se ve más tiempo en el
cielo. Se dice que es el solsticio
de verano.

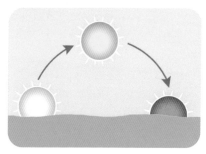

Ese día es el más largo del año,
y su noche es la más corta.
También es el primer día del
verano.

VIVA EL VERANO

PLATOS DE VERANO

Es la estación de los platos frescos
y las hortalizas de colores.

los tomates

la albahaca

la berenjena

el pimiento

la tarta
de melocotón

el calabacín

el gazpacho

el pisto

el albaricoque

la sandía

el melón

42

asar
a la parrilla

el almendrado

la carne

el polo

la barbacoa

añadir
cubitos de hielo

el refresco

la limonada

En verano, siempre te insisten en que bebas, aunque no tengas demasiada sed. Lo hacen para cuidar tu salud.

Casi dos tercios de tu cuerpo están compuestos de agua. Sin ella, tu cuerpo no podría funcionar.

Cuando hace calor, sudas: sale agua de tu cuerpo. Hay que reponerla... bebiendo.

Crecer sin parar **44**
Comida para entrar en calor **74**

CRECER SIN PARAR

En verano el calor hace que crezcan las frutas y las hortalizas. Es la época de las cosechas.

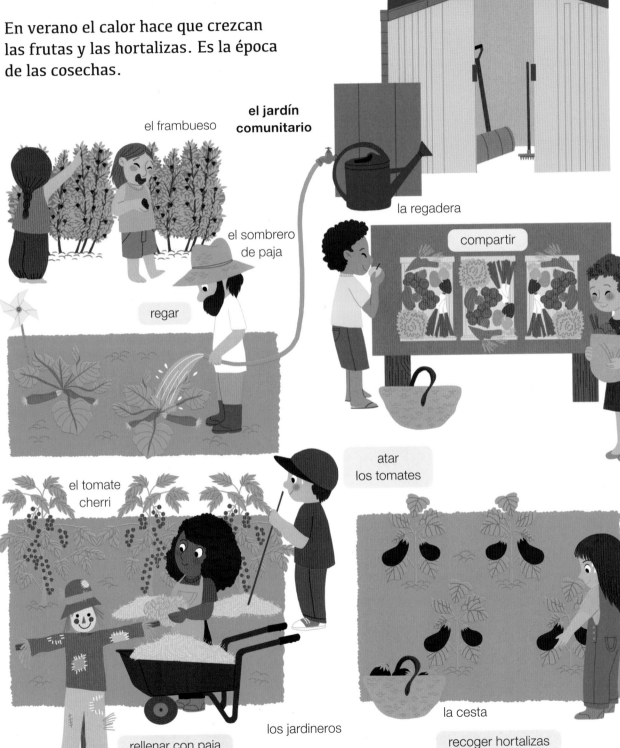

el frambueso

el jardín comunitario

la regadera

el sombrero de paja

regar

compartir

atar los tomates

el tomate cherri

rellenar con paja

los jardineros

la cesta

recoger hortalizas

la cosechadora · **el campo cultivado** · los granos de trigo maduros

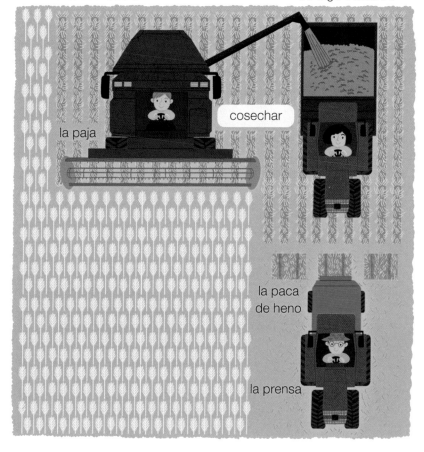

cosechar

la paja

la paca de heno

la prensa

en casa

hacer tarros de conservas

las judías verdes

la salsa de tomate

los tomates rellenos

las frambuesas

congelar

El jardín produce una gran cantidad de frutas en muy poco tiempo. Como no se puede comer todo de una vez, se hace mermelada.

Pesa las frutas y añade el mismo peso de azúcar, o un poco menos. Mézclalo todo y ponlo a cocer.

Al cabo de veinte minutos (según el tipo de fruta), la mermelada estará lista. Solo hay que guardarla en botes y ¡ya está!

Preparar la tierra **26**
La vendimia **68**

AJETREO EN LA PRADERA

Entre la hierba, los animales aprovechan el sol para ponerse en movimiento.

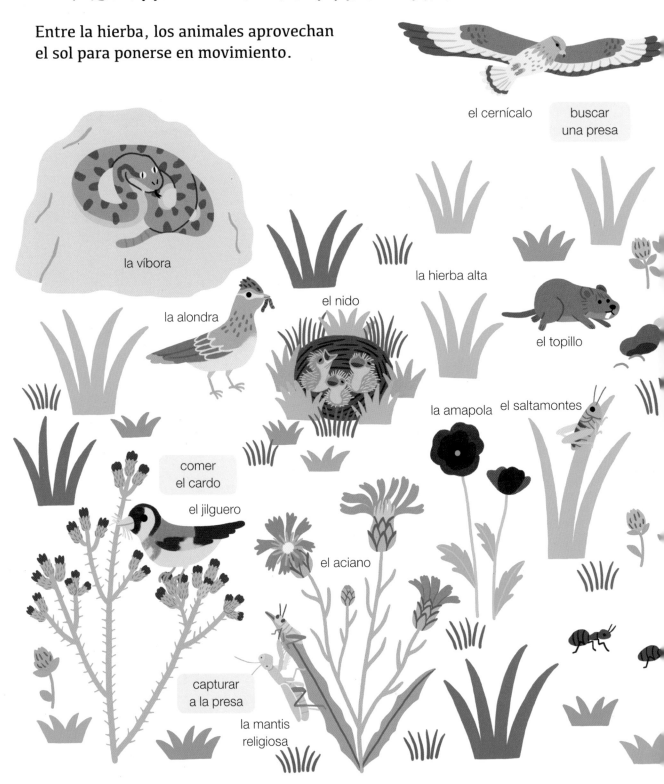

el cernícalo

buscar una presa

la víbora

la hierba alta

la alondra

el nido

el topillo

comer el cardo

el jilguero

la amapola

el saltamontes

el aciano

capturar a la presa

la mantis religiosa

el prado

el trébol

la vaca

pastar

el escribano
cerillo

la avispa

comerse
una oruga

la hormiga

el hormiguero

Seguramente has visto alguna vez un lagarto encima de una piedra, completamente quieto, calentándose al sol.

Como el lagarto es un animal de sangre fría, necesita el sol para entrar en calor.

Pero, cuando hace demasiado calor, va a refrescarse a la sombra, para que la temperatura de su cuerpo no suba demasiado.

Emigrar en busca de sol **62**

INSECTOS LABORIOSOS

En verano, los insectos trabajan para alimentarse, libar y ayudar a que se formen las frutas y algunas hortalizas.

llevar el néctar a la colmena

aspirar el néctar

la podalirio

la mariposa pavo real

el abejorro

la lavanda

la abeja

libar

la bola de polen

dispersar el polen de flor en flor

la fresa

la oruga

comerse la ortiga

cubrirse
de polen

la cetonia
dorada

dejar caer
el polen

el manzano

el tomate

polinizar

ayudar a la
formación
de la fruta

volar
suspendido

la flor

la mosca
abejorro

¿CÓMO
SE HACE
LA MIEL?

Si puedes disfrutar de una buena tostada con miel, es gracias a las abejas. Cuando liban, aspiran el néctar de las flores.

Luego se lo llevan a las abejas que trabajan en la colmena. Estas lo primero que hacen es mezclarlo con su saliva.

Y luego depositan la mezcla en los alvéolos, que vuelven a cerrarse. Con el calor, la mezcla se transforma en miel.

El renacer de primavera **24**
La germinación **25**

LA SEQUÍA

En verano la falta de agua y el calor secan el paisaje.

el excursionista

la cantimplora

beber para hidratarse

descansar a la sombra

la hierba seca

el árbol muerto

desbrozar

dejar de llenar la piscina

dejar de regar el césped

el cultivo quemado

el coche climatizado

el hidroavión

los bomberos

la rana

el pez

la tierra cuarteada

el río seco

la colilla

causar un incendio

el incendio

la capa freática

¿CUÁNDO NO DEBEN LAVARSE LOS COCHES?

¡Vaya! Tienes la esponja en la mano porque ibas a lavar el coche, pero mamá dice que, al final, no va a poder ser.

Cuando escasea el agua, como ocurre durante una sequía, hay que evitar usarla para aquello que no sea absolutamente necesario.

Hay que reservar el agua para beber, para apagar los incendios o para los hospitales y las personas enfermas.

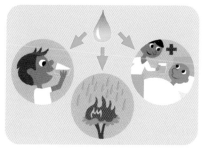

DISFRUTAR AL AIRE LIBRE

En verano, se puede disfrutar del buen tiempo para hacer vida y actividades en el exterior.

el baño

saber nadar

las olas

los manguitos

el cubo

el castillo de arena

el bañador

el mar

añadir una piedra

el montón de piedras

el camino señalizado

el pícnic

el paseo en burro

la montaña

celebrar la Noche de San Juan

estar juntos

los fuegos artificiales

taparse los oídos

acampar

la tienda de campaña

dormir bajo las estrellas

el saco de dormir

la noche

¡Ay! Una hermosa noche de verano, te picó un mosquito. Te chupó un poco de sangre y se fue.

El que te picó fue un mosquito hembra. Necesita sangre para alimentar sus huevos antes de ponerlos.

El mosquito macho no pica. Al igual que la hembra, se alimenta del jugo azucarado de las frutas y del néctar de las flores.

el circuito en los árboles

el tobogán

el flotador gigante

la piscina

el juego de la burbuja

el juego hinchable

el parque de atracciones

la canoa

rebotar piedras

los zapatos antideslizantes

el río

hacer una presa

LA VUELTA AL COLE

Se acabaron las vacaciones,
empieza el colegio.

el primer día de clase

la pizarra

Bienvenidos

el dormitorio

despedirse
de los padres

hacer
amigos

llorar

la maestra

la mesa de la maestra

guardar
el peluche

la biblioteca

el juego

el patio de recreo

el castaño de Indias

la castaña

el tobogán

la maestra
del año
pasado

en la mochila

la mochila

el peluche

las zapatillas

la muda

el paquete
de pañuelos

la fiambrera

el cuaderno

NOÉ

Cuando llegas a clase,
la maestra te pide que indiques,
con la flecha roja de la rueda,
qué tiempo hace.

En verano casi siempre giras
la rueda hacia el sol. En cambio,
en otoño señalas más bien
la lluvia.

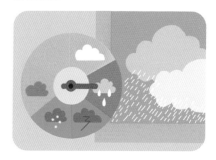

El clima cambia según
las estaciones y las regiones,
pues cada región tiene su tiempo
característico.

Septiembre	Octubre	Noviembre
Diciembre	Enero	Febrero
Marzo	Abril	Mayo
Junio	Julio	Agosto

¡PONTE A PRUEBA!

Di cómo se llaman las frutas, las hortalizas y los platos de verano que hay en la mesa. Entre ellos se ocultan un plato y una fruta de invierno. ¡Busca los intrusos!

Antes de las vacaciones de verano se celebra la fiesta de fin de curso. Localiza a estos personajes en la imagen.

Utiliza el dedo para unir cada nombre con su animal.

la alondra   el topillo   el saltamontes   el jilguero   la hormiga   la víbora

¿Sabes cómo no debes malgastar el agua cuando hay sequía?

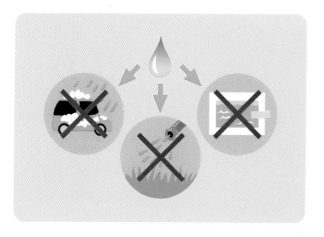

¿Para qué se utiliza el agua principalmente cuando hace mucho calor y hay sequía?

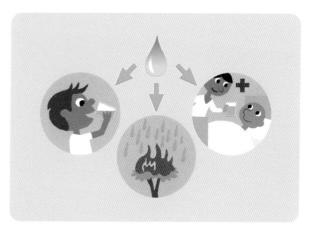

En verano puedes hacer mermelada de frambuesa. ¡Ñam!
Observa los diferentes pasos y explica cómo se prepara.

¿Lo has intentado alguna vez?
¿Cuál es tu mermelada favorita?

EL OTOÑO

EL BOSQUE EN OTOÑO

En otoño, el bosque cambia de color
y sus habitantes están ajetreados.

pelear

los ciervos

el color naranja

la ardilla

el pino

conservar
las agujas

el corzo

perder
la cornamenta

la becada

camuflarse

la corona
de hojas

el roble

perder
las hojas

las moras

la zarza

saltar entre las hojas

bramar

atraer
a las ciervas

el ciervo

el castaño

las flores
de azafrán

el pico
picapinos

recoger
castañas

las setas

construir
la cabaña

capturar los insectos

la rata
almizclera

la telaraña

Las hojas de tu árbol favorito se han puesto de color naranja. Qué curioso: en verano estaban verdes.

En primavera y en verano, las hojas contienen clorofila, que es la que les da el color verde.

Las hojas dejan de fabricar clorofila en otoño, y por eso se ponen amarillas, naranjas, rojas o marrones.

EMIGRAR EN BUSCA DE SOL

Con el frío hay menos comida. Los animales migratorios viajan en busca de alimento a otros lugares, a veces muy lejanos.

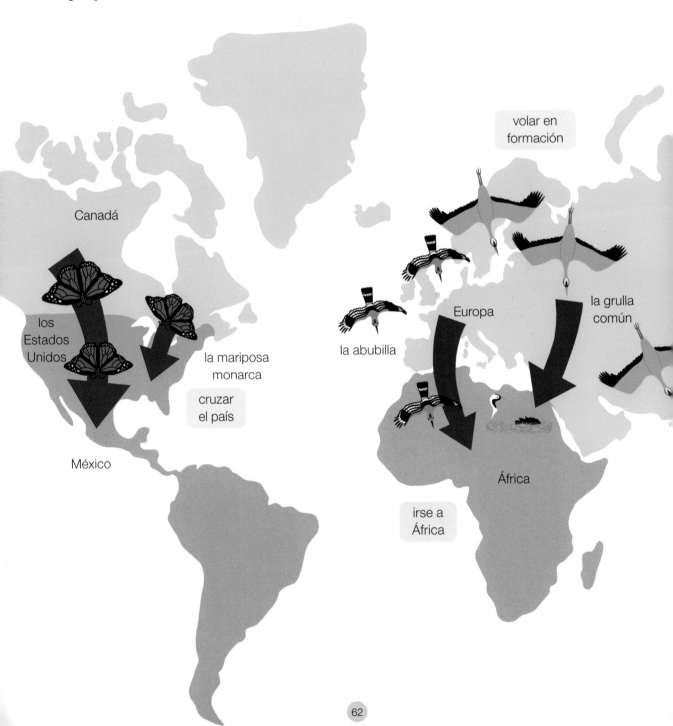

volar en formación

Canadá

los Estados Unidos

la mariposa monarca

cruzar el país

México

la abubilla

Europa

la grulla común

África

irse a África

el cable eléctrico

las golondrinas

agruparse
para partir

hacer
acopio
antes
de partir

el pasto
de verano

la trashumancia

el perro

el pastor

conducir
el rebaño

la llanura

las ovejas

¿POR QUÉ EMIGRAN LAS GOLONDRINAS?

Las golondrinas que anidaban en el granero de la casa del pueblo ya no están porque han emigrado a África.

En España, los insectos voladores con los que se alimentan desaparecen en otoño. Por eso se van a buscarlos a otros lugares.

Cruzan el mar y el desierto hacia zonas en las que abunde la comida. Volveremos a verlas en primavera.

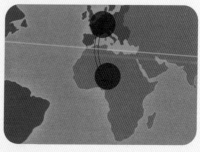

Hibernar **78**
Invernar **79**

PREPARARSE PARA EL INVIERNO

La comida empieza a escasear: algunos animales
hacen acopio de provisiones y otros se desplazan
para buscar comida.

el maíz

el jabalí

el jabato

devorar los cultivos

la paja

las hojas
caídas

construir
un refugio
para erizos

el erizo

el gallinero

la gallina

el zorro

el rebeco

bajar
al bosque

comer
mucho

el oso

tener una capa
de grasa

enterrar
bellotas

el arrendajo

la madriguera

el topillo
campesino

¿DÓNDE ESCONDE LA ARDILLA SU COMIDA?

¿Has visto alguna vez una ardilla con una avellana en la boca? Seguramente va a esconderla para comérsela en invierno.

La ardilla entierra bellotas, nueces y avellanas que encuentra en sus paseos. También almacena setas secas.

En invierno acudirá al lugar donde escondió sus provisiones. Es posible que de alguna despensa olvidada crezca un roble o un avellano.

🎃 EL MENÚ DE OTOÑO

En esta estación, la naturaleza
sigue dando muchas frutas y verduras.

el bosque

recoger setas

el boletus

las setas venenosas

la guía

el rebozuelo

las hortalizas

la calabaza

el brócoli

la coliflor

la zanahoria

los guisantes

la cebolla

preparar la sopa de Halloween

la fruta

comer
uvas negras

la nuez

la castaña

la cáscara

la manzana

la pera

la ciruela

el dulce
de membrillo

el
membrillo

los frutos rojos

los arándanos

las frambuesas

las fresas silvestres

la mora

hacer
mermeladas

Vuelves de tu paseo con la cesta llena de setas. Algunas se pueden comer, pero otras no son comestibles, y si las comes te pones enfermo.

Junto con tus padres, puedes clasificarlas consultando una guía. No olvides lavarte las manos después de tocar las setas.

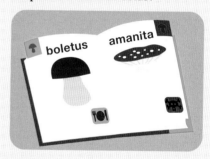

boletus   amanita

También puedes llevarlas a algún centro especializado para que las revisen. ¡Luego date un banquete con las comestibles!

Platos de primavera **22**

Platos de verano **42**

LA VENDIMIA

Entre septiembre y octubre, los viticultores cosechan la uva para hacer vino.

la cosechadora

sacudir la vid

el portador

vaciar la uva

el cuévano

el contenedor de la cosecha

llenar la cesta

cosechar a mano

las tijeras de podar

cortar el racimo

la vid

la cortadora

las cubas de metal

Bodegas La Uva de Oro

la prensa de vino

la bodega cooperativa

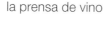

poner el vino a envejecer

las barricas

el viticultor

¿Te gusta el zumo de uva? Puedes probar a hacerlo en casa. Si lo intentas, comprobarás que no es muy difícil.

Lava las uvas y aplástalas para sacarles el máximo de jugo. Pide a un adulto que lo cueza en una cacerola.

Pasados diez minutos de cocción, cuela el jugo en el vaso. Deja que se enfríe y luego ¡disfruta de su estupendo sabor!

Preparar la tierra **26**
Crecer sin parar **44**

¡PONTE A PRUEBA!

Señala todas las frutas de otoño que veas.
¿Sabes cómo se llaman?

En invierno algunas aves emigran en busca de sol.
Utiliza el dedo para unir cada ave con su silueta.
Luego, siguiendo las flechas, traza el camino
que va a recorrer cada una.

la pera

la castaña

el albaricoque

la manzana

la ciruela

el membrillo

la uva

las moras

el melocotón

los arándanos

la nuez

las fresas silvestres

las frambuesas

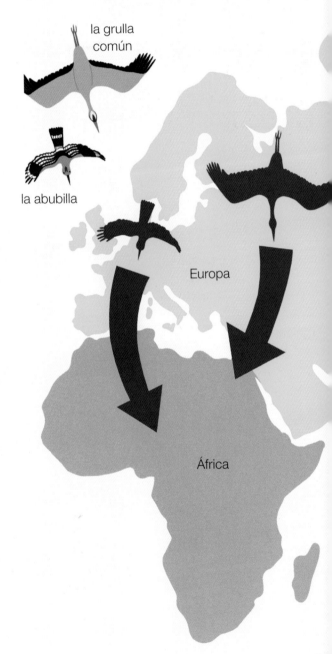

la grulla
común

la abubilla

Europa

África

Esta niña está disfrutando de una buena ración de setas.
Señala en el libro cuál está comiendo.
¿Sabes si la otra es comestible?

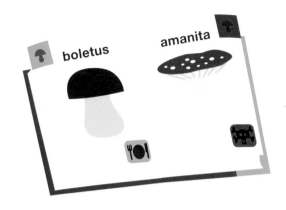

boletus   amanita

Estamos en otoño.
¿Sabes por qué las hojas
cambian de color?

¿Reconoces este árbol y los frutos
que recoge la chica?

¿Cómo se llama el pájaro?

¿Conoces alguna receta
para cocinar setas?

EL INVIERNO

COMIDA PARA ENTRAR EN CALOR

Para combatir el frío, ¡nada como
un plato de comida caliente!

la corona

el haba

ser el rey

la tarta de mazapán   el roscón de Reyes

las patatas

las patatas gratinadas

las cebollas   el beicon   el queso reblochon

dar la vuelta
a las crepes

darse un festín

amontonar
las crepes

Azúcar

Leche

Harina

el azúcar

la crema
para untar

la mermelada

frutas y hortalizas de invierno

el vendedor

2 €/kg

las patatas

2 €/kg

los puerros

3 €/kg

las naranjas

2 €/kg

las endibias

las clementinas

1 €

las zanahorias

2 €

las manzanas

las verduras para la sopa

hacer la compra

En invierno puedes encontrar comida fácilmente, igual que en verano. En cambio, las aves lo tienen más difícil.

Por eso te agradecerán que les des semillas o bolas de grasa. Eso les aporta mucha energía.

Hazlo durante todo el invierno. Si dejas de hacerlo, a las aves acostumbradas les resultará más difícil buscar comida en otro sitio.

SOPORTAR EL INVIERNO

Los animales que se mantienen activos en invierno se organizan para resistir el frío.

ayudarse unos a otros a buscar comida

el pelo largo

el herrerillo común

el caballo

el petirrojo

comer bayas

el mirlo

la ardilla

ahuecar las plumas

hacer acopio de provisiones

el zorro

el pelaje espeso

la nieve

la liebre
de montaña

volverse invisible

volverse
blanco

la seta

el armiño
con su pelaje
de invierno

buscar
los gusanos

los estorninos

el vuelo
de los estorninos

Si, justo antes del invierno,
te encuentras matas de pelo
de tu perro por toda la casa,
es que está mudando.

En otoño pierde el pelo
de verano y lo sustituye
por pelo más grueso
que lo protege del frío.

También se produce una muda
en primavera, cuando al perro
se le cae el pelo de invierno
y le crece el de verano.

HIBERNAR

Algunos animales se resguardan del invierno en un refugio.
Dejan de estar activos y se dedican a dormir.

la cueva

el hueco
del árbol

la rama del árbol

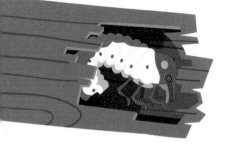

la larva de escarabajo

los murciélagos

el lirón gris

el nido
de hojas secas

el erizo

pasar
el invierno
en grupo

las mariquitas

la tabla de madera

las culebras

enterrarse
en el fango

el estanque

ocultarse
bajo tierra

la tortuga de tierra

la rana comestible

🏠 INVERNAR

Otros animales se refugian. Se mueven menos, pero se mantienen algo activos.

¿DÓNDE SE ESCONDE LA MARMOTA?

el trastero

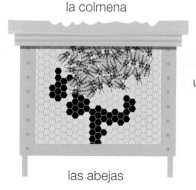

el ratón de campo

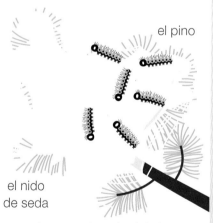

la grieta

la tijereta

el pino

el garaje

la Vanessa atalanta

el nido de seda

la procesionaria del pino

la colmena

protegerse de las heladas

formar un racimo

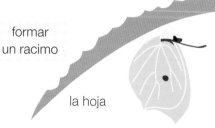

la hoja

la mariposa limonera

las abejas

Seguro que este verano has visto marmotas en la montaña. En invierno este animal duerme con su familia en una madriguera.

Durante cinco meses, hiberna sin comer. Pero aguanta bien, pues ha comido en el verano alimentos de sobra.

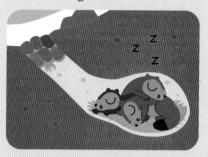

Cuando se derrite la nieve, se despierta. Saca los excrementos y los restos de la madriguera... ¡y vuelve a salir!

🌱 PROTEGER LAS PLANTAS

En invierno, a veces hace demasiado frío
para las plantas del jardín o del balcón.

el garaje

podar

el geranio

las tijeras
de podar

el topillo

el
limonero

la helada

el petirrojo

la planta
helada

guardar
las macetas

las cortezas de pino

la fachada con revestimiento

el velo
protector

el papel
de periódico

dar la vuelta
al platillo
de la maceta

poner paja

la campanilla
de las nieves

la nieve

proteger
las raíces

las hojas secas

Este invierno ha hecho mucho
frío y las hojas de tu planta se han
puesto de color marrón porque
se ha helado.

El agua que hay dentro de la planta
se ha convertido en hielo, lo que
ha dañado la planta y le ha causado
la muerte.

Antes de tirar tu planta, obsérvala
bien: a veces, una parte de las raíces
no se hiela y puede que vuelva
a nacer.

DIVERTIRSE EN INVIERNO

Durante los fríos días del invierno,
se puede disfrutar de la nieve
o quedarse en casa para entrar en calor.

el descenso

el trineo

hacer
una carrera

el casco

aprender
a esquiar

las raquetas

las manoplas

el monitor

el traje

girar

el esquí

los bastones

los esquíes

no hundirse
en la nieve

la gorra

la zanahoria

las piedras

la rama

caerse

la pista de patinaje

la bufanda

los botones
de abrigo

el patín de hielo

el muñeco de nieve

el chalé

el maestro

dormir con los amigos

visitar una fábrica de queso

la clase en la nieve

tirarse bolas

la batalla de bolas de nieve

jugar en familia

el juego de mesa

el puzle

escuchar historias

en el interior

¿Has probado alguna vez un copo de nieve con la punta de la lengua? Al tocarlo, se derrite y se convierte en agua.

En invierno, en las nubes, hace tanto frío que el agua de lluvia se transforma en pequeños granos de hielo.

Esos granos se llaman copos. Durante esta estación es frecuente que, en lugar de lluvia, caiga nieve.

LA MONTAÑA EN INVIERNO

En invierno, en las alturas, el paisaje
se cubre de nieve y hielo.

la pista
de trineo

el chalé

el teleférico

la estación
de esquí

la nieve

poner
las cadenas

el autocar

el camino sinuoso

el túnel

echar sal
en la carretera

la quitanieves

los picos

la cumbre

las nieves
eternas

el paso

el refugio

el íbice alpino

el acantilado

el lago congelado

el abeto

En la estación de esquí o en la televisión, tal vez hayas visto carteles de colores que advierten del riesgo de avalanchas.

Una avalancha es una placa de nieve suelta que puede derrumbarse en cualquier momento.

Es muy peligrosa. Por eso hay que respetar los avisos y no esquiar cuando haya riesgo de avalancha.

LOS TRABAJOS DE TEMPORADA

Algunos oficios se realizan solo en una estación;
por ejemplo, en invierno.

la pastora

la montaña

impartir
una clase

la monitora
de esquí

la oveja

el verano

el invierno

ir
atados

cruzar
un glaciar

el guía de alta montaña

trabajar
de noche

la pista
de esquí

apisonar la nieve

el conductor de pisanieves

participar en
una competición

la campeona de esquí

el campamento

el animador del centro de ocio

las castañas asadas

Castañas
asadas

vender árboles
de Navidad

En la montaña se aprende a esquiar gracias a un monitor que nos enseña a desplazarnos por la nieve.

Cuando desaparece la nieve, el monitor cambia de oficio. Por ejemplo, puede trabajar como granjero.

El resto del año, dependiendo de sus conocimientos, el monitor puede ejercer de carpintero, instructor de vela...

NAVIDAD EN LA MONTAÑA

En Navidad algunas familias
se reúnen en un chalé en la montaña.

el chalé

el día de Navidad

el árbol

decorar la casa

la guirnalda

estar impaciente

jugar con los primos

los regalos

los abuelos

los adornos

la comida de Navidad

poner la mesa

el calendario de Adviento

Papá Noel

el pavo

el banco

el tiro de la
chimenea

la nieve

el árbol de
la Navidad pasada

el fuego de
la chimenea

el balcón

el tronco de
Navidad

ir a buscar
troncos

la reserva de leña

Si vives en España, no verás renos en libertad: no hace suficiente frío para ellos.

Este animal de cornamenta larga vive en todas las tierras que rodean el Polo Norte.

América del Norte · Groenlandia · Escandinavia · Siberia

En Europa se llama «reno» y en América del Norte «caribú», pero es el mismo animal.

RENO · CARIBÚ

¡PONTE A PRUEBA!

¿Qué hacen estos niños en invierno?
Une con el dedo cada acción con su imagen correspondiente.

| hacer crepes | defenderse del frío | proteger las plantas | lanzar bolas de nieve | preparar la Navidad |

Estos animales intentan resistir el frío del invierno.
Encuentra el nombre de cada uno recorriendo los caminos con el dedo.

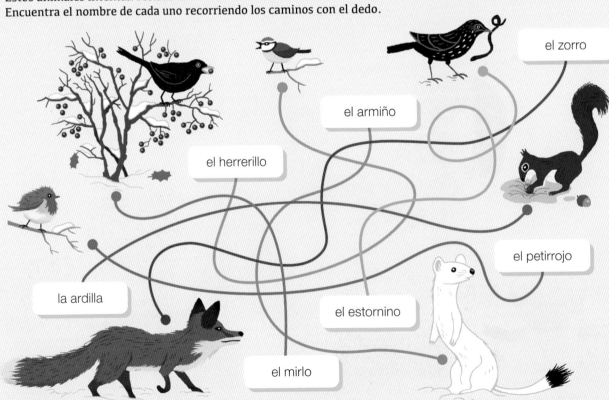

el zorro

el armiño

el herrerillo

el petirrojo

la ardilla

el estornino

el mirlo

Fíjate en lo que hace la marmota e indica en qué estación transcurre cada escena.

Observa estas imágenes y cuenta lo que ves. ¿Qué le ocurre al petirrojo?

¿Qué ingredientes se usan para hacer crepes?
¿Qué se les puede poner por encima
para darles sabor?
¿Cuáles son tus favoritas?